JN440225

촛대바위

서정문학대표시선 · 47

촛대바위

초판 1쇄 발행 | 2018년 11월 28일

저　　자 | 전기웅

편　　집 | 디자인그룹 여우비
펴 낸 곳 | 도서출판 서정문학
펴 낸 이 | 차영미
주　　소 | 서울시 강동구 성안로31다길 8(천호동), 101호
전　　화 | 02-720-3266　F A X | 02-6442-7202
홈페이지 | http://cafe.daum.net/seojungmunhak.com
이 메 일 | sjmh11@hanmail.net
등　　록 | 2008. 3. 10 제324-2014-000060호

ISBN 978-89-94807-73-7 03810
정가 10,000원

이 도서의 국립중앙도서관 출판예정도서목록(CIP)은 서지정보유통지원시스템 홈페이지(http://seoji.nl.go.kr)와 국가자료공동목록시스템(http://www.nl.go.kr/kolisnet)에서 이용하실 수 있습니다.(CIP제어번호: CIP2018037586)

정문학대표시선 · 47

촛대바위

전기웅 시집

서정문학

시인의 말

삶은 아름답다
어느 누구도 한 송이 꽃이
아닌 적이 없고 한 편의 시가 아닌 적이 없다.
퇴색된 낙엽처럼 낡은 추억 한 모퉁이에
의미 없이 잠들어있는 기억을 깨우면
눈 감고도 잠들지 못하는 서러운 밤들이
나뭇가지에 매달린다.
삶의 공간을 가르는 나침판이 없어
거대한 별들의 운항을 바라보며
발끝에 삶의 흔적을 매달고 걸어간다.
자유로운 행보가 묻어있는 나의 시집 한 권이
외로운 누구에겐가
위안이 될 수 있다면…

| 목차 |

제2부 상념의 무게들

제3부 윤회의 깨달음

제4부 하얗게 빛바랜 추억들

제1부

소금꽃 피면

바람

바람이 분다.
바람이 부는 것은 잠들지 말고
깨어 있으라는 것이다
모든 것들은 살아남기 위해 눈물겹다
들꽃들이 쓰러진 누런 풀잎에 기댄 채 부대끼며
엉키며 바람에 쏠려 흐트러진 듯해 보이는 것도
꺾이지 않기 위한 몸부림이고
별과 별 사이에
여백을 남겨놓은 것도 시린 가슴 부여잡고
서로에게 상처를 주지 않기 위한 하늘의 배려이다
삶이란 말 없이 흐르는 강물과 같아서
하늘을 품고 산을 껴안아도 늘 외롭다
살다 보면 눈물 비우는 날들이 어디 한두 번인가
노을에 젖은 붉은 윤슬은 강물에 입술을 지우고
달빛은 치마를 벗는다
나무들도 가지를 비비며 마지막 남은 사랑까지
비울 때 바람은 우주를 잠들지 않게 흔들어 깨워

동면으로 인내한 꽃들을 개화시킨다
들녘에 흐드러지게 피어난 초록들의
화려한 색감 앞에 침묵은 허공에서 길을 잃고
바람은 풍경이 된다.

강화유리

만들어질 때부터 나는 그대의 보호막이었다.
속수무책으로 날리고 숨소리조차
낼 수 없는 보잘것없는 모래였다
그대에게 다가가
빛의 난반사를 억제시키며
투명하고 아름다운 세상을 보여주기 위해선
나는 더 잘게 부서지고
높은 온도에서 단근질하는 과정을 거치며
다듬고 인내하는 난산의 고통을 겪어야 했다
마침내
그대 앞에 우뚝 서는 날
비록 가진 것 하나 없어도 가식을 버리고
한평생 맨살의 진실만을 추구할 것이다
누구 하나 찾는 이 없고
소멸되어 가는 꿈 앞에서 눈물지을 때도
붉게 채색되어 가는 예쁜 단풍잎과
지나온 열정 중 가장 아름다운 기억만을

떠올리다가
이 세상 다하는 날
모든 허물들을 벗어던지고
홀로 소리 없이 무너져내리고 싶다

주상절리

유리의 평면을 뚫어지게 바라보자
균열이 일어나더니 금이 갔다.
싸늘하게 바라보는 시선에 시퍼렇게 잘린 단면.
온몸을 일으켜 벽을 만들더니 모서리마다
날카로운 각을 세웠다
냉각으로 수축된 검붉은 육모꼴 돌기둥
상처마다 옹이를 들어내는 소나무를 들어올려
바람막이 하나 없이 절벽이 되어 서 있다
목마른 바람이 파도를 몰고 와
가슴을 도려낸 아픈 자리마다
파문을 일으켜도
요지부동 묵언 정진이다
가지 끝에 꽃눈을 키우던 노란 산수유가
꽃망울을 터트리는 봄날이 아니면
누구 하나 찾는 이 없는 망망대해 홀로 남아
분출된 용암을 층층이 쌓아놓고
막막한 눈빛으로 침묵하는 주상절리

할 말은 많아도
노을의 붉은 치마끈 하나 붙잡고
눈망울에 성애 꽃 가득 피우는 외로움마저
무자경전으로 세웠다.

촛대바위

외로운 이여
그대 사랑이 한없이 흔들리는 날이면
망망대해에 홀로 서서
알몸으로 견디는 촛대바위를 보라

열병처럼 다가와 부서지는 파도가 남기는 건
슬픔이 발효된
하얀 포말 같은 그리움이다

젖줄처럼 나직이 흐르는 지층으로 뿌리를 박고
본능에 움직이는 세월을 솎을 때마다
갈매기는 성큼 손을 내밀어
사유의 옷깃을 잡아당기고 있다

언젠가는 그의 절개가 사선으로 관통하는
한 점 햇살의 무게조차
감당키 힘들어 무너져 내릴지라도

허리 꼿꼿이 세우고 한 곳만 응시하는 촛대바위

눈물겨운 이여
가파른 여울목을 지나가는
서러운 사랑 하나
한없이 흔들리는 날이면
수평선 너머로 사라지는 노을을 삼키며
묵묵히 견디는 저 촛대바위를 보라

상사화

사랑이 빠져나간
잎 진 자리마다 애증이 익어가는 가을이다

바람이 불어올 때마다 붉은 융단을 깐 꽃잎들이
바람꽃을 일으켜 세운다

사무치도록 붉게 타오르는
가을이면
온몸을 뒤척이며 마중물로 피어나
이별의 발자국 위로 피를 토하는 꽃.
취할수록 더욱 더 갈증만 심화된다

그대는 깎아지른 산 정상에 피어난 꽃이 되고
나는 밤마다 별이 되어
젖은 기억을 가슴으로 쓸어내지만

바람 속 솟대 하나 세우고 먼 듯 가까이서

타 들어가는 가을산은
끝내
눈시울이 붉어져
갈 곳 모르는 나를 불러 앉히고
부둥켜안는다.

가죽나무

옹이 투성이 키 큰 가죽나무 바라보다가
아 놀라워라
깊은 침묵이 이렇게 아름다울 수 있는가
늙은 고목에 희고 단단한 꽃눈이 돋는다.

나뭇가지에 매달린 햇살이
희끗희끗한 머리칼 위로 내려와
어깨를 감싸고 몸속으로 들어온다

해마다 가장 높은 자리에 꽃을 피울 때마다
저 나무도 죽어갔을 거다

싱그러운 심장 캄캄히 잠든 토양을 헤집으며
밤하늘에 황홀한 연등을 내 걸었을 것.

천명의 뜻을 좇아 한여름 폭염에
바람이 창백해지는 시간

입 안에 고요한 풍경을 매달아놓고
가슴에 눈을 뜨는
말간 귀 하나

토종 항아리

삼 대째 이어오는 제비 집터에
희노희락을 함께 했을 백 살은 족히 됨직한
할머니 한 분이 세월의 무게에 짓이겨져
닳고 긁힌 자국마다 그리움 같은
한 됫박 소금을 뒤집어쓴 채
자글자글 묻어있는 햇살을 툭툭 털어내신다

나로 인해 입맛이 가장 행복했다
느끼는 날
끓어오르는 숙성의 아픔을 오랜 시간
무거운 돌멩이 하나 머리에 이고 특유의 향과
자신만의 색깔을 고집했을 것이다

재개발에 밀려 아무도 찾는 이 없는
외진 곳에서 홀로 비를 맞으며 삭혔을
덕지덕지 껴안은 외로움을 마른행주로
정성스레 닦아내자

영영 시들 것 같지 않은 여인이
아름다운 곡선을 드러낸다.
뱃속에
정물이 되어 가라앉은 하얀 찌꺼기 비워내고
할머니 시집가신다.

노상 방뇨

어둠에 숨어버린 것이 너무 많다
침묵 속에 잠겨 버린 것들

미움. 온유. 양심. 허물

세상은 시각적인 사고에 의해 모든 것이
빛이 난다

그 모순의 탈을 벗고 깜박이는 외등 아래서
한쪽 다리를 든다

누군가 표시해 놓은 영역 위로
가식에 갇혀 있는
온전히 내가 아닌 것들

소멸되어 가는 한 줄기 삶 같은
진실을 퍼붓는다.

풍경

산등성에서 바라본 산사는
운무에 가려진 채 낙락장송 솔향이 가득하고
일주문을 한 바퀴 돌고 온 번뇌의 바람
뱃속 비운 목어를 흔들어대고
독송으로도 내려지지 않는 삶의 무게
가부좌 끝에서 잔물결을 치고 있다
돌멩이 하나 던지면 우르르 금 갈 것 같은 하늘
누구의 간절함이 뿌려둔 씨로 꽃비가 되었는지
요사채 전각 위로 사분히 나린다.
세속 그리움을 읊조리듯 흐느끼는 사미승의
파르라니 깍은 머리 이슬로 매달리는데
갈 길 먼 하루가
석등에 내려앉아 휘영청 몸을 태워
목마른 외로움을 달래준다
묵언 참배하는 심신 깊은 보살 가슴에 피어난
속죄의 홍매화 꽃 한 송이
가을과 함께 불타고 있다

국밥

끓인다는 것이
더는 아픔이 될 수 없다

우려내고 삶다 보면 맨 마지막에
남는 한 덩어리는
뜨거운 눈물이 되어야 한다

허무의 수풀을 깨우고
세월을 안고 흐르는 바람을
따라가다 보면

유년의 꿈결 속에
풀잎처럼 가냘프게 서서
웃고 있는 한 여인을 만난다

아직 여물지 않는
푸성귀 같은 삶 속에서도

미소를 띠며
모진 비바람을 온 몸으로 버티던 여인

참깨 대처럼 속엣것 다 털어내고
아궁이 속 불씨가 되는 여인

후미진 곳에서도
헤진 삶의 뒤꿈치를 보이지 않던 여인
이제 그 모습은 어디에도 없다

삶이 허기질 때마다
늘 푸짐한 한 그릇의 국밥이 되던
여인이 생각난다.

능소화

붉고 서늘한 꽃잎마다
추억 하나씩 분장을 하고
온몸을 던져 담장을 기어오르는
능소화

폭우라도 내리면 금방 무너질 것 같은
허술한 담장
지나간 일들이 가지 따라 오르다 보면
구름 한 점 없는 하늘에서
마른천둥이 칠 것 같다

결연의 회로는 슬픔이다
사랑이 빠져나간 분화구 그 빈자리에서
울고 있던 여자를 바라본다.

콧날 찡해지는 햇살에
목을 길게 빼든 꽃.

언제부터인가
하늘은 선홍빛이다.

구절초

산허리를 휘감던 안개비가
핏기 잃은 채 서 있는 장미를 건드리자
일상의 책갈피마다
단풍이 들고 노을이 진다

한여름 내내
뿌리를 내린 채 숨을 죽이던 구절초가
바람의 등을 문지르며
꽃을 피우더니 자귀풀 사이에
어떤 못 잊을 연정이 남았는지
욕망의 마른 혓바닥을 꿈틀거리며
나를 흔들어댄다

이 계절엔 술잔을 들지 않아도
스스로 붉게 타올라
모든 것이 손만 갖다 대도
쉽게 허물어진다

하루에도 수없이 무너지는 삶 속에
차마 떨쳐내지 못해
화석으로 자리한 아픈 조각들이
제각기 그리움이 된 채
짙어가는 가을의 문양과
함께 흔들리고 있다

투신

온몸을 던져 사랑했던 날
꽃잎들도 온몸을 내던졌고
자욱한 안개는 말을 버렸다
지는 홍매화 꽃잎 따라 여린 잎맥들이
봄바람을 들이키는 숨소리가 요란했다
사랑했다는
말의 행간 속으로 미세한 떨림은
외로움이 된다
어떤 미사여구로 엉킨 머릿속
농익은 추억들을 눈이 부셔 표현할 수 없다
때로는 사랑이란
철저하게 자신을 버리는 것이 아닌가
실낱같은 믿음을 부여잡고
사랑이란 주파수에 하얀 날개를 달고
고요한 강물에
마구 뛰어내리고서야 후회하는
격정의 꽃.

무화과

눈물을 멈춰 꽃으로 피운 나무가
길모퉁이에서 나를 가로 막는다
여름 내내 꽃송이 피워내지 못하고
금빛 옷 갈아입는 초가을을 밟고 서 있다
노을이 붉어지려고 조용히 눈을 감고
빈 조각배가 된 나도 붉은 강가에 정박한다
부딪쳐서 짙어가는 어둠은
뱃머리를 출렁이게 하고
안으로 안으로 스며든 적멸의 꽃물이
강물을 넘어 안개비를 당긴다.
비명처럼 한 옥타브를 올라가는 빗방울의
후득이는 울음이
제 속살을 찢어 달콤한 꽃을 피운다.

상실

시들어 볼품없어진
나를 던지고 돌아서는 등 뒤를
어둠이 따라온다.
컴컴한 방 시름을 베고 눕자
독백처럼 걸린 액자
정지된 시간 속에 비가 내린다
세상이 젖고 나도 젖어간다
밤새 뒤척이며 내리던 비는
가파른 천장에 문장 하나를 매달았다
이제 파문 진 굴레 안에서
너덜너덜해진 벽지에 묻은 침묵 또한
속살을 감추겠지만
텅텅 빈 집
지독한 고독의 언어만이
해금의 낯설지 않은 긴 울음이 되어
허공을 녹아내린다.

가을 허공

부서지는 햇살 한 점에
낙엽은 길 위에서 잠시 방향을 잃는다
홍엽이 지나가는 이 계절에는
비에 젖은 여인네들의 눈망울에
사내들은 더 애처롭다
가로수 아래 현수막은 사색의 장막을 친 채
노을의 치맛자락을 붙잡고
온몸으로 펄럭거리던 나뭇잎은
아스팔트 위를 뛰어다닌다.
여름날에 애기들을 토해내는 오후
바람마저도 길을 잃었다

자작나무

수액을 삼킨 물소리가 목젖까지
차오르는 날
앙상한 나뭇가지에 날선 바람이
한 획 긋고 지나간다
툭툭 부딪치고 베인 자리마다
무게로 잴 수 없을 만큼 무거운 침묵이 내려앉았다
차가운 땅속에 영혼을 묻은 우듬지에
고독한 별 무리들을 안으로만 쌓아 놓고
한 시절을 힘겹게 견뎌낸 그대
구멍 난 하얀 속살을 밤새 들여다보다
상고대처럼 하얗게 샌 나의 머리를
나뭇결에 눕혀보니
비로소 사랑을 알 것 같다
결국
사랑이란 것
수직 상승하는 꿈이 아니라
품에 보듬고 수평으로 흘러가야 한다는 것.

긴 동면의 시간 속으로
천애의 외로움이 뼛속에 파고든다
오래 숨죽인 파성의 울림이 허공에
하현달로 박힌다

난해

지나친 향기는 사족이다
성의 없이 써놓은 글의 곡선은 가벼움이며
읽는 자의 몫은 무거움이다
홀로 깨어있는 밤
행마다 달달한 수사법으로 분탕질 해놓은
시의 거적때기를 벗겨낸다
나 스스로도 알 수 없는 본문의 주제와 오타들이
궁색한 변명을 늘어놓는다.
시간에 쫓겨
퇴고 없이 적은 글들은 감정에 치우쳐 초라하기
짝이 없다
도무지 속을 알 수 없도록 적어 놓은
언어 앞에서 나도 나에게 하나의 질문이 된다
천년고요를 삼키며 단숨에 달려와
안개 속에 갇혀있는 먹먹한 별빛처럼

제2부

상념의 무게들

별

가슴이 따뜻해지는 이야기는 별이 된다
그대는 하늘에 반짝이며 떠 있는 별

어둠이 녹아든 저 길로 들어가면
푸르른 청보리밭 둑길을
개구지게 뛰어다니던
깜부기 같은 어린 시절이 나올 것 같다

가녀린 꽃망울이
하얀 등불 하나 켜고 밤마다
한 편의 시로 피어나는 것이
그대일지도 모른다.

담장 밖 곧은 심지 바로 세우고
소리 없이 흔들리던 수선화
여리고 순한 발로 꽃길을 걸어와
어둠을 환하게 밝히고 있는

그대는

안으로만 삼킨

서러운 눈물일지 모른다.

우렁이

그대가 선불리 판단하고 덧문을 닫을 때
저무는 강가에서 별은
눈물이 되어 떨어진다

애틋한 성근별이 지던 그곳에
산란의 암벽을 오르는
우렁이를 본다
하늘 향해 솟은 암벽
까마득하고 의지할 거라곤 풀잎의 꽃대뿐
내려다보면 아득한 천 리 길

어쩌면 우렁이도
활처럼 휘어진 몸 꽃대를 붙잡고
때로는 절망했을지도 모른다.

사랑도 저렇게 간절하면
또 다시 한 송이 꽃을 피울 수 있을까

한 모금의 눈물이
섬광 같은 심혼을 박을 수 있을까

힘겨운 걸음 멈추지 않는 우렁이
느린 걸음 속에
울긋불긋해지는 힘줄이 드러다 보인다.

고드름

사랑이 과거형이 되고
가슴에 부재중이라는 이름표를 달던 날
발밑에 격렬하게 흐르는
강물의 흐느낌을 들었다

이제는 사랑이란 안개처럼 뿌옇게 추상적이고
주관을 뛰어넘는 상식 밖의 캐릭터가 되었다

고뇌에 찬 설움이 한파로 찾아온 날
지붕 처마 끝 알몸으로 죽자 살자 매달린
고드름을 본다
한 손으로 지붕 처마를 잡고
날이 차가워질수록
더욱더 단단해진 투명한 염원

차라리 부서져 나뒹굴지언정 바람에 흔들리지
않는다는 듯 하얀 속살까지 드러낸다.

다소 무리하게 보이는 우직함은
천성인 듯하다
가장 순결한 첫사랑의 발원지를
차디찬 가슴으로 얼음 꽃 피우는
저 고드름의 사랑은 늘 수직이다.

화엄

밤사이 비가 내렸다
어둠을 타고 온 빗방울은
얼마나 목 메인 기다림이었으면
남겨진 자리마다
꽃길이다
삼방꽃 차례로 달리는 둑길 따라
나비 모양의 홍자색 살갈퀴
연둣빛 잎사귀에
티 없이 맑은 이슬로 맺혀있다
버들개지가 성큼 손을 내밀며
유혹하는 봄날.
원초적 욕망을 주체할 수 없는
세포 하나하나가 살아 꿈틀거린다.
막혀있던 혈관을 뚫고
뿌리를 일으켜 세운 봄 향기
주체할 수 없는 사내의 욕정이
허공을 찔러댈 때마다

놀란 하늘이 내려다본다.
서로가 서로에게 부끄러움 없이
온몸을 밀착시키는 봄날의 오후

섬, 파도, 그리고

밤은 깊었다
창밖으로 눈이 내리고
잠들지 못한 의식이
누군가의 이름을 새긴다

눈앞에 펼쳐지는 바다는
노오란 멀미를 하고
촉수 낮은 백열등처럼
어슴푸레한 눈빛으로 서성이던
그리움은 마른기침으로 쿨럭인다.

젖은 미역 줄기 같은 추억이
울컥 토악질 해대다
바위에 하얀 소금기를 남기는 시간

어둠 속에서 집어등 하나 둘
자반자반 걸어 나와

파도로 부서지는 밤

상념의 무게를 견디지 못한
외로움이
등대도 없는 섬이 되었다

부표

갓 잡아 올린 등 푸른 생선들로 넘쳐나는 이곳은
늘 비릿한 바다 냄새가 난다
북적이던 발길도 썰물처럼 빠져나간 어시장

외곽에 자리한 노점 좌판대에
팔려나가지 못한 생선들을 본다
그리운 고향으로 되돌아갈 수 없는 눈빛이
바다 한 가운데 떠 있는 부표 같다

격랑의 짧은 생애에 서로의 어깨를 마주하며
꽉 잡은 손 놓지 않고 알몸으로 견디는 것이
때로는 우리네 삶처럼 곤곤하다

하루를 뜨겁게 달구던 태양이
붉은 띠의 치마를 벗는
일몰의 시각이면 장은 파장으로 치닫는다.

툭 하고 축복 같은 얼음 한 움큼 생선 위에 던지고
일어서는 생선 할머니의 빛바랜 전대에 스며드는
노을이 붉다

불 꺼진 항구

어둠 속에서 죽을 만큼 아프냐고
그나마 다독거리는 건
외로움이었다.

바닷가에 서서 슬픔에 공중부양 된 눈물이
낙수가 되어 빈 술병 안으로 흘러드는 것을
지켜보고 있다

사랑이란 단어가 파도가 되어
추억이라는 바위에 부딪혀
파열되었다는 슬픔보다는 누구의 기억 속에서
서서히 잊혀간다는 아픔이 더 컸으리라

잊는다는 것은 스쳐 지나가는
바람 한 움큼 잡는 일이고
속을 텅텅 비워내는 몸짓이거나
울컥 목울대에 치미는 끝내 뱉지 못하고

삼켜버린 뜨거움이다
진홍빛 그리움은 바위에 부서지고
하얗게 탈색될 때 아픔이 지나간 그 자리
여린 속내를 밀고 올라오는 고독
그건 불 꺼진 항구였다.

삽

허공에 잎 푸른 나무 한 그루 심겠다고
삽날을 날마다 세우더니
어느 날 어둠 속으로 사라진 사내

그가 남겨둔 삽 한 자루
숨 가쁘게 살아온 질긴 인연이지만
전혀 말이 없다

일탈이 깊어질수록
남루의 바람은 붉은 단풍잎이 되고

시어의 영원한 설렘을 등에 지고
어둠 속을 누비고 다니는 사내

계곡을 따라 붉게 타는 가을
사람이 몹시도 그리운 날

삽은
녹에 온몸을 맡긴 체
가슴 언저리를
저 혼자 벌겋게 태우고 있다

망치

의지와 관계없는 기억일수록 놀라운 슬픔을 남긴다.
어쩌면 그대도 그랬을 것이다
누군가 손을 잡아주었을 때 숨결이 살아났을 것이고
한 치 앞을 바라볼 수 없는 삶이지만
생의 마지막 발자국은 하얀 도화지 위에
향기 머금은 꽃으로 장식하고 싶었을 것이다.

때로는 그대와 나와 같다는 그릇된 생각이나
단단히 고정된 질긴 버릇들이
얼마나 위험한 발상인지
굳은 콘크리트 벽 앞에서 못이 내지르는 비명 소리에
의구심도 들었으리라
어디에도 물처럼 스며드는 것은 없다
그래서 늘 가지는 바람에 흔들리는 것이다

돌이켜 보면 눈물겹도록 허허로운 삶
평생을 살면서 모르던 의문점들이 산 아래로 내려올 때쯤

술술 풀리기 시작한다

앞만 보고 살아온 날
마음을 때려 멍으로 자리 잡은 구부러진 못 앞에
무릎 꿇은 목이 부러진 망치 한 자루
비로소 세상 속으로 가라앉고 있다.

사랑아 따뜻한
기억을 만지는 별이 되고 싶다

가슴에 따뜻한 강이 흐르는 사람아
떠나간 사랑 앞에 눈물짓지 마라
잠시 파도가 쳤을 뿐이다

만남과 헤어짐은 늘 있는 것
사람아 슬픈 눈 열어두고
그림자라도 붙잡고 엉엉 울고 싶은 날
모든 것을 품고 가는 바다를 보라

때로는
만년의 바다도 잘못된 선택 앞에서
바위에 수시로 몸 던지며 가슴치는
파도가 된다

살아보면
푸른빛이라 믿었던 사랑이 가로등
어슴푸레한 눈빛으로 다가오고

때로는 와락 껴안은 사랑이
가슴까지는 내어 주지 않는
바위 같은 인연도 만나는 것이다

그것이 상처가 되고 눈물이 되었을지라도
아직도 누군가를 가슴에 담고 때 묻은
커튼 뒤에서 남몰래 그리움을
추스른다는 것은 얼마나 큰 행복인가
아직도 그대 가슴속에 한 편의 시 같이
향기롭게 애틋한 별이 되고 싶다.

억새

한 영혼이 떠나간 무게만큼
고요한 슬픔이 어두운 방 안에
둥글게 내려앉는다.
염사가 자리를 비운 사이 목관이 삐걱거린다.
망자는 못다 태운 사연이 있는 것처럼
누에처럼 제 몸을 감았던 수의 주름을 펼쳐
관밖에 어린아이 손을 잡으려 애쓴다.
차가운 금속성 못은 끝내 두 모자의 생과 사를
단절시킨다
목관 밑으로 물이 흐른다
바다로 흘러가지 못한 물은 수맥을 따라
싹을 틔우고 꽃을 피워 오롯이 남은 자의
슬픔이 될 것이다
성묘길
몇 순배 비운 술잔에 단풍이 지고
산등성을 건너던 노을이 내려앉는다.
언제부터인가

무덤가에 합장하며 서 있던 억새가
은빛 머리를 풀어헤친 채 반가운 듯
온몸을 마구 흔들고 있다
어쩌면 저 억새가 시간의 경계를 지우며
피어난 무명천을 즐겨 입던 여인일지 모른다

파도

그렇구나. 그랬었구나.
자기 관점으로 바라보는 고정관념이
이렇게 모순되는 것이었구나
밤마다
머릿속을 하얗게 지워내도
끝없이 밀려오는 파도

한 걸음이라도 더 다가서기 위해
온몸으로 부서지는
처절한 몸부림이었구나
사랑하는 이여
저렇게 모래톱을 적시며
퍼렇게 멍이 들고 있었구나

시어

그대가 미치도록 보고 싶은 날
젖은 고랑을 파헤치자
호미날 끝에 둔탁하게 울려 퍼지는
외로운 파열음

나이테를 감춘 소나무 위에
주섬주섬 별빛 주워 담던 송화
누군가를 가파른 절벽에 홀로 남겨둔 채
고뇌에 퍼렇게 멍든 밤을
말아 올리고 있다

새벽녘에야 잡아 올린 먹물 젖은
시어 몇 마리
명지바람에 말린다.

장미 빛 공약

장미 빛 대선이다
한 사내가 트럭 위에 오르더니
자목련의 지순한 몸짓으로
두 손을 가지런히 모으며 바닥에 머리를 조아린다.
마이크를 통해 흘러나오는
그의 공약들이 오후의 햇살과 함께
희망의 연꽃 등불을 허공에 매달고 있다
그러나
믿음이 없는 입의 공약들은
바람 한 점에도 무너져내리는 모래성이다

같은 색깔 같은 무늬로 치장한 미사여구
뜨겁게 목청 달구어도
허공에 지는 메아리들
붉은 장미꽃 한 무더기 싼값에 팔리는
오월의 풍경이다

봄비

향토 빛 빗물 아래
뒤척이며 여린 꽃대 벙그는
소리가 요란하다
겨우내 겹겹이 동여맨 채
숨죽이던 끈질긴 생명들
핑크색 연서 곱게 접은 진달래꽃
봄의 수액을 빨아들이며
꽃봉오리를 밀어올린다.
너도 참 외로웠구나.
빗물에 젖은 푸릇한 내음
눈물만이 아니었구나
하고픈 말들이 가지마다 맺힌다.

11월의 기도

꿈을 잃어버린 사람아
절망이 바닥을 치거든
제 몸을 태우는 저 촛불을 보라

제 몸을 찢어가며 흐느끼는
저 바람소리에 귀를 기울여보라

별빛도 잠들지 못하는 밤
고뇌의 흔적들이
갈 길 잃은 낙엽이 되어 흐느낀다.

빈 가슴
아픈 추억만 남기고
떠나가는 계절

상식이 통하는 나라가 되게 하시고
이 나라에 정의가
살아있다는 것을 굳게 믿게 해 주소서.

산다는 것은

내가 걸어간 만큼
그대도 걸어갈 것이고
내가 잊은 만큼 나도 그대에게
잊혀 갈 것이다

산다는 것
어쩌면 누군가를 잊기 위해
터진 가슴을 날마다
한 땀 한 땀 꿰매는 것이다

봄

바위 같은 깊은 숨 들이마시고
이룰 수 없는 꿈
하나둘 삭이던 겨울.
양지바른 곳에 누우셨다
머리맡에 베고 누운 국화꽃 한 송이
향불 속에 피워 올라 천포가 펄럭인다
죽어야 다시 꽃 핀다는 윤회의 깨달음이
삶과 죽음을 넘나들며 언 땅을 녹인다.
끝없이 사랑 노래 부르던 아침햇살이
검불 우거진 거친 땅속을 마구 휘젓더니
연둣빛 새움을 일으켜 세운다
싱그러운 햇살 눈빛 속으로 냉이 쑥 나물이
돋아나더니 올바른 표기법도 이론도
필요 없는 어눌한 몸짓의 사랑의 단어들이
거리에 마구 쏟아져 나온다.
곧장 불구덩이 속이라도 뛰어들 것 같은
저 동선의 순수한 가슴들.

제3부

윤회의 깨달음

반추

결코 닿을 수 없는
그곳
겹겹이 동여맨 가슴을 풀어헤치고
박제된
기억을 더듬는 사랑은 이룰 수 없는
한 사람이 걸려 아프다 한다
붉은 띠의 노을이 강물에
그리움을 씻어내는 시간
금방이라도
닿을 것 같은 그대의 숨결이 사무친다
슬픔을 낙엽 속에 묻고
홀로
둔치에 앉아
결절된 아픔으로 타들어가는
낡고 빛바랜 단풍잎을
꺼내 보이자
회색빛 하늘에서

가을비가 눈물처럼 내리고
강물은
격렬하게 흐느끼기 시작한다.

낙숫물

하얀 눈이 희끗희끗한 처마 끝에서 봄을 깨우는
사랑을 보았다
아래를 지향하는 낙숫물을 바라보다
부서질 때 아름다워져 가는 세상을 보았다
수정같이 맑은 몸 가지런히 말아올리고
뛰어내린 자리마다 돌 담 속에 웅크리고 있던
초록 들은 부스스 눈을 뜨고 일어나
세상 밖으로 여윈 손을 흔들며 나의 아둔함을 깨친
다
사랑이란.
철저하게 부서지는 것이 아닌가
수직 상승만 꿈꾸며
가슴에 걸리는 장애물이 있으면 매몰차게 걷어내며
남을 위해 한 번도 부서져 본 적이 없는
고밀도 모순이여.

삶이 흔들릴 때

일상의 모든 것이 흔들릴 때가 있습니다
삶을 가파른 여울목
뿌리째 흔들며 나를 시험해 볼 때가 있습니다
이렇게 눈물 나는 날에는
가슴에 철 기둥을 박고 대들보를 올려도
모래성 같아서
쉽게 허물어져 상처만 남은 섬이 됩니다.
이럴 때는
한 움큼 응어리진 시간을 싹둑 잘라내고
미끄러져 내리는 햇살과
밑바닥까지 떨어진 자존심을
가슴에 쓸어담습니다
그러다 보면
가슴에 고여 있던 눈물이
낮게 낮게 흘러가는 물이 되어
다시 한 번 세상으로 흘러갑니다.

만추

나의 전생은 바다인가
붉게 타오르는 홍엽인가
석양이 햇살의 한 생애에 걸터앉는 시각
창가에 앉아 밀려드는 적막을 가두니
비가 되어 내린다
방 안까지 쏟아져 들어온 빗물은
익사한
세월을 부둥켜안고
강물이 되어 바다로 흘러간다
직립으로 타오른 열정은
화선지에 일필휘지로 써 내려간 청춘이란
필묵은 채 마르지도 않았는데
날은 저물고
강줄기 따라 핏빛 그리움
꼿꼿이 세운 꽃들이 한 무더기 피었다 진다
고독과 상념의 풍경은 지나온 행간마다
자색으로 붉게 물들어 나뭇가지에

그리움처럼 매달리는데
가을은
은빛 머리를 풀어헤친 억새를 마구 흔든다
바다로 향하던 가슴에 단풍이 들고
강물이 일렁거린다.

중고 장터

여명이 배롱나무에 졸고 있는 달을 밀어낼 때
돗자리가 길바닥에 드러눕는다.
공원 앞에는 가설무대가 세워지고
주인공들이 하나 둘 등장해 관객의 시선을 받기 위해
좌판대에 앉아 제 몸 다듬기에 여념이 없다

절단된 생의 테두리를 상표로 붙인
선풍기가 가쁜 숨을 몰아쉬며
하루의 운수를 타진하고
깜깜한 내면을 지나
기억 속에 잠들어 있던
잡동사니 물건들이 거리로 튀어나와
아직은 쓸만하다고 저마다 소매를 걷고
건재함을 과시한다

요동치는 파노라마나 극적인 장면도 없지만
주말이면 이곳은 늘 관객들로 넘쳐난다

한 시대를 풍미했던 고리타분한 물건들이
시중보다 싸다는 마지막 히든카드를 뽑다가
어디론가 팔려간다

깎아주며 깎으며 가격의 밸런스나 사운드 코드는
맞지 않아도 낙후된 아날로그 시대와 눈물겹도록
아름다운 풍경들이 앙상블을 이루며
한 줄기 강이 되어 흘러가는 주말 시장.

연서

너는 오지 않고 밤은 말없이 깊어간다
식어버린 커피 잔 속으로 흐르는
그리움 비우고 발길을 옮긴다
적막만이 감도는 거리는 눈발이 날리고
끝 모를 외로움에 밤새워 써놓은
구애의 연서들은 반송된 채
아무 일도 없었던 것처럼 발밑에 마구 밟히고
미치도록 좋았던 너의 모습
낡은 추억 한 모퉁이에 주저앉아
가로등처럼 깜빡인다.
그 공기 그 냄새 그 순간을
가슴에 담고 살 수 있다면
그게 바로 행복인 것 같다
걸어온 자리마다 꽃들이 핀다
아무래도 잠들기는 틀린 것 같다

오월의 핏빛 장미

철없던 시절
화려한 외모에 매료되어 누군가 미치도록
사랑한 적이 있었다

숨겨진 뾰족한 가시에 찔려 화달짝 달아났다
그러면 안 되는 것이었다
죽을 만큼 아프더라도
더욱 더 세게 끌어안았어야 했다

오월이 홀로 주저앉은 강둑
별처럼 아득한 거리에서 오래 숨죽인 슬픔이
피어오른다.
비가 내려도 젖을 가슴도 없는
한 시절이 다 지난 후
그 여자를 생각하며
핏빛 장미 가시를 만져본다.

석비

혼을 가슴에 새긴 채 고독의 무게를
견뎌내는 수백 년 된 석비 앞에 서면
숨결이 살아있다는 것을 금방 느낄 수 있다
오랜 세월 몸 덩어리 뭉텅 떨어져 나가도
한 곳만 응시한다.
나도 저 돌덩어리처럼 굳어져
불꽃같은 이름 석 자 가슴에 새기고
태풍에도 흔들리지 않는 기단석 위에
알몸 꼿꼿이 세우고 사랑으로
단단히 굳어지고 싶다
여윈 외로움에 빈 몸으로 눈을 뜨는
푸석돌이 되어 손끝만 스쳐도 부서지는
날이 온다 해도 이 또한 축복이라 생각하며
묵묵히 서 있고 싶다
원형질의 질긴 풀밭에서 들려오는
풀벌레 구애 소리도 멈추고
사위어진 달빛에 날갯질 거둔 꽃잎 몇 개

주워들고 허무에 관절이 녹아내릴지라도
긴 낭하에서 쏟아져 내리는 별 무리를
쓸어담으며
한 백 년쯤 은은한 빛깔 두루고.

애기똥풀

집에 오는 내내 하늘은 얼마나 푸른지요
햇살조차 구름 위로 뛰어다니는 듯했고
거리의 풍경들은 하나같이
핑크빛 짙은 색감으로 덧칠해 놓았습니다

골목길을 돌아서 양지바른 공터를 지나는데
애기똥풀 꽃 하나가 흙더미 속에서
수줍게 머리를 내밀고 있는데
분을 칠한 듯 하얀 꽃잎을 보니
그대 뒷모습이 생각나
갑자기 눈앞이 몽롱해져 몇 번이고 발을 헛디뎌
넘어질 뻔했습니다

자려고 눈을 감아도 잠은 오지 않고
풀 향기 머금은 허연 얼굴이
천장으로 둥둥 떠다니고
밤하늘 별마저 그대의 눈빛으로 다가와 가슴에

마구 쏟아져내립니다

꿈속을 걷는 듯한 이 느낌을 오색 색종이에
손 글씨로 정성스럽게 써서
나만이 알 수 있는 곳에 꽁꽁 숨겨놓았습니다

살다 보면 때로는 서로에게 무덤덤해지고 헐거워져
시선이 도드라지는 곳에 못 보던 민낯을
아파하며 눈물 지울 때도 있겠지요

그때마다
비에 젖고 상처 난 애기똥풀 뿌리가
메마르지 않게 사랑의 부엽토를 뿌리며
이 편지를 꺼내보려고 합니다.

가을이다

상수리 나뭇가지에 매달린 말매미
울음소리가 처연하다

폭염에 숯덩이처럼 까맣게 타들어간
눈망울에 방울꽃이 피어나고
풀잠자리 쉬었다 간 자리마다 후회의 창을 들고
붉은 독기 내뿜는 가을이다

올가을에는 뾰족한 팬대 날을 세우고
쾌쾌한 고독을 담아내며 누워있는 길을 따라
바닷가로 가야겠다

가슴이 숭숭 뚫린 바윗돌에 앉아
바람에 건조되어 핏기 잃은 조약돌에도
시를 새겨 넣어야겠다

밤이면 실핏줄 툭툭 터트리며

백사장을 마구 기어오르는 파도에 안겨
부르튼 손끝으로 한 편의 글을 쓰고
스스로 감동해 목 놓아 울어야겠다.

낯선 밤길

길의 간격을 넘어가는 땅거미에는
뿌리도 있고 줄기도 있다
버려지고 납작해진 것들은 점등한 가로수
불빛 아래서 빛난다
그림자가 되어 상처를 쉬고 지나온 흔적을
비우고 서로를 껴안는다.
담벼락에 몸을 기댄 채
겹겹이 구겨넣은 비닐 안에서 한 줌
햇살 같았던 지나간 열정 이야기로 꽃을
피우는 쓰레기 종량제 봉투를 바라보다
한줄기 불빛을 남은 자에 남기고
지는 꽃잎 따라 요양원에 입소하던
치매에 걸린 이웃집
할머니의 슬픈 눈망울을 떠올린다
유난히 깊고 침묵이 흐르는
어두컴컴한 도로변을 따라 하나 둘 눈뜨는
별빛 속으로
빠르게 빠져나가는 차들을 바라본다.

무인도

냄비 안에서 바다가 끓고 있다
속울음 깊은 바다가 가슴을 풀어헤친다
머나먼 여정을 달려온
생선이 비릿한 냄새를 풍기며
갖은 양념으로 버무린 매운 고추장과
끓고 끓어서 해탈식을 가질 때쯤이면
적막의 염전에 갇혀있던 여자가
잠에서 깨어나
머리카락 밀어올리는 흰 수증기를 끌어모으더니
술잔에서 부화된다
물고기를 당겨올리기 위해 망망대해 떠 있던
배 한 척
그가 남긴 후미의 물살이
하얗게 바래진 추억의 옷자락을
야금야금 점령하고
이제 방안은 낙엽 부스러기 태우는 냄새와
독주를 삼키며 목젖이 남기는
소리만 요란해진다

분화구

고여 흐르지 못하는 물은
갯벌 위에서 냉가슴을 끓여
분화구를 만들었다

허방을 꽉 채우는 상처 위로
사랑은 한 무리의 새떼가 되어
포물선을 그으며 날아갔다
우리 빈 가슴에 낙관 한 조각씩 떼어내며
사랑했다는 말은 하지 말자

후박 나뭇가지에 걸려있는
먹먹한 별빛으로 만나
나직이 흐르는 물소리를 들으며
바다로 가자

수평선 너머 빈 배로 떠다니다가
그리움에 뱃전이 심하게 출렁일 때면

소금밭에 닻을 내리고
습진 갯내음에서 추억의 바람이
아프게 불어올 때마다 가장 뜨겁게
타올랐던 그때만 떠올리자

그래도 어느 한구석 못 태운 미련이 남아
그대 숨결 위로 소금별이 마구 쏟아져 내리면
외진 바닷가 소실점 위에 앉아
파도가 들려주는 하얀 하프 소리에
조각달 띄우고 보고 싶다는 말만 되풀이하자.
하루만이라도 그렇게 하자.

막막

바닷가에 서서 흘러가는 시간 속에
나를 눕혀보니 높은 파도에
무방비 상태로 온몸을 퍼렇게 멍들이며
함묵으로 일관하는
갯바위의 막막함이 보인다

슬픈 것들은 내가 현기증 나도록
맹렬하게 솟구치는 파도 앞에
옹기종기 붙은 빈 굴 껍데기 몇 개 붙잡고
갯바위가 되었다는 것이다

혼돈에 빠트려 혜안을 어지럽히는 것이
바람이라는 것도 모른 채
어리석게도 하얗게 부서져 내리는
파도의 포말만 보았다

함묵하는 바위에도 숨결은 살아있어

스스로 가슴을 빠개어
수축과 팽창을 거듭하다가
어떠한 고난에도 항거하는 돌멩이로 남아

꿈속인 듯 시시각각 파도를 앞세우고
달려드는 저 바람이
잠잠해질 때까지 쉴 새 없이 다가와
부서지는 파도의 하얀 눈물꽃이
더 아프지 않게
더욱 더 잘게 부서져 내려야겠다

미투 _ 벽

침묵의 화법에 꽃들이 더 붉게 우는 날
꿈으로 씹은 밥 속에 허물 수 없는 벽이
도사리고 있다

일방적인 욕구는 언제 터질지 모르는
뇌관을 지닌 채
상처를 여과시켜 줄 풍경 하나 달지 못했고
이 비릿한 장면을 연출하는
어둡고 은밀한 방에는 둘 뿐이다

하얀 얼굴 손으로 지우며
목련 꽃처럼 부풀어 오르는 봄날에도
꽃의 신음소리는 소문의 잎사귀만
무성한 채 채광되지 않는 동굴 속에 갇혀
오랫동안 침묵했다

어둠 속에 목 놓아 울던 꽃들이

붉게 물든 눈물 닦아내며
비로소 편견의 벽을 허문다
거칠고 험한 길을 달려온 그들 앞에

누군가
형틀 위에
판도라 상자 하나 내려놓는다.

강

강이여
흘러간다고 애태우지 마라
슬프게도 머물 수 없는 게 삶이고 사랑이다

한때
뜨거웠던 그대의 열정이
시누대처럼 말라가고
뼛속까지 타오른 외로움이
마디마디 저려오더라도 흘러가라

산다는 건
저 강물처럼 흘러가는 거.
강기슭에서 달려온 바람 물결 위로 내려앉지만
물주름 위에 가을 풍경만 떠올리다가
흩어진다

이 가을 그대 가슴에 그리움이 물든 단풍잎

하나만으로도 족하지 않는가
멈추지 말고 흘러가라

흘러가니깐
삶이고 추억이다.

시인

사람은 본질적으로 혼자라 늘 외롭다
노을은 가슴을 풀어 바다에 그리움을
씻어내고
누군가는 사랑을 하고
나는 밤마다 시를 짓는다

민들레

꽃씨는 제 몸을 키우지 않는다
햇살에 굴절된 시간을 맡긴 채
바싹 말라 갈 때쯤이면
바람에 날려 가슴을 키운다
창틀 하나 없이 고정관념에 사로잡힌
암석 투성이 사이를 헤집고
뿌리를 내리는 민들레 앞에 서니
문득 나는 버려진 작은 돌멩이 하나에도
숨결이 살아있음을 깨닫는다
가치관이 다르니 보는 시각이 다르다는 편견은
기우일 뿐이다
여전히 꽃을 피워야 함은
우리는 하나일 수밖에 없기 때문이다
왕래의 간절함은 목이 마르지만
부채꼴로 펼쳐지는 반송을 사이에 두고
말이 꽃가루가 되어 한반도를 휘감는 저녁
노을은 어찌 이리 붉은가

10월의 목련

싸락눈 흩날리는
시월의 끝자락 뜨락에 목련 꽃 피었다
곱게 물든 단풍잎도
갈색 주검되어 한 잎 두 잎 바닥으로
몸 내던지는 계절
때로는 희망도
절망의 폐부 깊숙이 잉태되어
푸른 이파리 보듬은 채
절기의 경계 허물며 피어오르는 것이다
그대의 맥박 뛰고
숨결 살아있는 한
빛의 그림자 되어
저 목련처럼 피어나는 것이니
그대여
절망 안고 뒹굴러도
희망 버리지 마라
세상 어디 둘러봐도

삶의 깊이 잴
추는 없다
슬픔일 수도 절망일 수도 있는
그대의 간절함은
눈물을 움켜지고 인내할 때
한 송이 꽃으로 피어오를 테니.

제 4부

하얗게 빛바랜 추억들

삶

이렇게 장대비가 퍼붓는 날이면
꿈과 함께 흘러가는 나를 본다
한줄기 물이 되어 세월을 더듬으며
어디론가 흘러간다
돌부리에 부딪쳐 넘어질 때마다
나의 실체를 증명했던 존재는 어느덧 사라지고
누군가에게는 흙탕물로 불리었다가
때로는 개울물이라 불리며 나는 다시 흘러간다
몇 번의 굽이치는 여울목을 지나
어릴 적 물수제비뜨던 강 앞에 되돌아왔을 때
생각은 더욱 더 깊어지고 삶에 통찰력이 생긴다
우주의 이치를 깨닫는 강물이 된다
삶이란
중후한 문체처럼 화려하고 거창한 것 같아도
사실은 얼마나 단순한가
서로의 숨결을 느끼고 흘러가는
현재 진행형이며 서술 아닌가

멀고 험한 에움길 돌아
열정 하나만으로 이곳까지 달려온 그대
눈부신 꽃 한 송이 피웠는가
그것은 중요치 않다
자연이 주는 신선한 공기를 마시고
온몸을 녹이는 햇살을 만끽하며
사랑하는 사람들과 함께
살아있다는 것만으로도 삶이 아름답다고
느껴지지 않는가

노숙 1

노을이 붉게 물들면 빛을 조각하고 나무를
푸르게 디자인하던 말매미의 울음소리도 처연해진다

공원 한 모퉁이 지치고 피곤한 몸 눕힐 수 있는
집을 짓는 이면의 삶을 사는 사람들
그들은 누구에겐가 잊혀져간
이름 없는 민들레이다

내일을 꽃 피우기 위해 솟구쳐 오르는 붉은 별을
잡아 기둥 세운다

바람처럼 흘러가는 인생 바닥에 깔고 지나간
추억을 천장으로 마무리하면
한 평 남짓 벤치 위에 하루 지낼
무허가 판잣집 지어진다

어둠에 서성이는 욕망은 빈 술병 위에 쌓이고

수첩 속에 별처럼 촘촘히 박힌 무료급식소 활자들이
저마다 가슴에 불을 켜고
일어나 연못 속에 웅크리고 앉은 달 끄집어내
잠들어 있는 사내의 머리까지 덮어준다.

시인 2

적막을 껴안은 문장 아래
지상을 떠돌던 눈발이 발밑으로
사납게 흩날린다

그리움 실어 나르던 달빛마저 물안개 속으로
이른 귀가를 서두르고 있다

마지막 담배를 다 태우는 순간까지도
너는 기별이 없다

바람은 길이 끝나는 지점에
소실점이 되어 젖는다

그래.
갈대처럼 사무치지 않고서야 문장이라
할 수 없지

희끄무레한 풀밭에 두 다리 박고
뼛속까지 젖은 별 하나 담지 않고서야
시인이라 할 수 없지.

인생의 절경

모두가 떠나버린 숲길엔
쓸쓸함이 초겨울을 응시하는데
별빛 같은 마음들이 떨어져
나무를 어루만진다

저 나무도 마지막으로 남은
한 잎마저 바닥에 내려놓을 때
비로소 자유로워지는데

세월은 떠나가는
가을의 신음하는 소리도 듣지 못한 채
각을 돌리며
삶의 육법전서를 펼쳐보이고 있다

우리네 인생도
저 나무처럼 모든 걸 내려놓고
지나온 시간 되돌아 옷고름 풀어헤치고

애틋한 숨결 같은
그리움 하나 꺼내볼 때가 있다
한때
가슴 설레며 손톱에 달을 새기던 사랑이

눈물이 되고 마지막 위로가 되었을지라도
이 때를 슬픔이라 말하지 않는다
인생의 절경이라 말한다.

풀꽃

하늘에서 어둠을 밝히던 별이 떨어져
그대라는 꽃으로 피어올랐으니
어찌 아름답지 않겠는가
어찌 향기롭지 않겠는가

그대가
별이거나
꽃이거나
눈물이거나

심성 밑바닥에 잠들어있는
양심의 심지를 돋우어
차디찬 길바닥에 불을 지피는 촛불이여

슬픔이 산을 넘고 강을 건너와
마지막 남은 한 방울의 눈물마저
바람이 부둥켜 안고

아스팔트 위에 내팽개쳐도 좋으니

그대
그렇게 오라
나
그대를 위해 피어난 풀꽃
빗물에 꽃잎 씻겨가도 행복할 것이니
한 줄기 소낙비가 되어
나를 짓밟아라

오지의 꽃

방문을 열자
배롱나무 온몸이 선홍빛이다
단 한 번의 이별이
뜨겁게 지나간 하늘에
그리움이라는 구름을 붙잡으려는가
포로를 그린 화폭이랄까
날이 선 양철지붕을 치받으며 핀 꽃
기억 끝에서 서럽게 우느라
노을자락을 붙잡지 못한 것이
못내 서러운 듯
앙상하던 나뭇가지 위에
무수한 추억들을 걸어두었다
사방을 둘러봐도 벽이고
그녀 얼굴은 화폭 속에 없다
폐부를 찌르는 달빛 조각이 남긴
문 밖의 선홍은 황홀이다
내 안에 한 겨울을

아직도 매달아 둔 채
묵묵히 녹여내는 배롱꽃은
그렇게 오지의 빛깔이다

저울 앞에서

저울 앞에서 흔들림과 떨림으로
흘렸던 시간을 돌이켜본다
추억의 영사기 속 한 컷 잘라 툭툭 털어내자
먼지 속에서 그리운 얼굴들이 걸어나와
저울 위에 걸터앉는다.

삶이란 저울 위에 놓여있는
뜨거운 숨결이 아닌가.
불길한 예감 스칠 때마다 문제를 제기하며
온몸을 휘감고 흔들어대는 추
가슴이 뜨겁다

타닥타닥 타들어가던 불꽃같은 사랑도
하얀 재만 남아 추억이라는 길섶에
파지처럼 날려 갔을 때도 한없이 흔들렸고
때로는 지는 동백 한 잎에도
애처로워 떨렸으니

흔들린다는 것은 더는 아픔이 될 수 없다

어느 시점인가
한 철 피고 지는 이팝 꽃잎처럼 날려
뜨거운 눈물 한 방울 매달고
떠나갈 삶

고개 빳빳하게 들고 온몸으로
흔들어대는
청보라의 군무 저울 위에 올려진
마지막 남은
나의 자존심일지 모른다

머리와 가슴 사이

사랑이 아니라면 저렇게 제 몸을 스스로 붉게
태울 수 있을까

음계가 서 있는 자리
낙엽을 태우니 노을이 울컥울컥 피를 토하며
온 산을 그리움으로 물들인다

당신과 나
구름처럼 2중주의 어느 한 페이지에서 만나
화음을 이루고 흐르다 보니
그만 그대 사랑하고 말았다

끊어지듯 흐느끼는 8분의 6박자 이별 앞에서
난 비애의 난간을 붙잡고 되돌아오는 도돌이표
머리가 밀어내는 음률의 차가운 촉감을
추억의 음조가 끌어당기고 있다

머리가 밀어내고 가슴이 끌어당기는
갈등의 팽팽한 경계
습관처럼 빨아 당기고 내뿜은 한 모금의
담배 연기마저도
머리와 가슴 사이를 지나가는 그리움이라는 것도

회색빛 실비 같은 슬픈 가사에 흠뻑 적고서야
뒤늦게 알았다.

연둣빛 향기

숨 막히게 텅 빈 하늘이다
눈 비탈길 지나온 바람은 차갑기만 한데
지난밤 내 숨결과 섞인 눈이
이팝나무 가지에 걸렸다
어쩌면 꿈에 듬성듬성 더듬던 꽃송이가
눈송이였을 수도 있겠다
아직 내 두 발은 차갑고 함께 뛰어놀 풀 냄새가
그리운데 건강한 수액을 빨아들이며
우뚝 서 있는 가로수 길에는 연둣빛 사람들이
봄보다 먼저 거리를 활보한다
내 동면 메마르고 힘겨웠으나 촉을 틔우는 날
건조한 우주에 불을 지필 것이다
아직 오지 않을 봄을 두고
성큼성큼 먼저 들어간 편백나무 숲에는
날 기다릴 것 같은
개나리꽃으로 머리를 장식한 여인은 없어도
나 혼자 불러보는 봄에 온 몸이 저릿하다

초설

창문을 열자 수위를 넘어선 그리움이
바람 속을 하염없이 기웃거린다.
이런 날이면 하늘도 안쓰러워 휘영청 달처럼
부풀어 오른 꽃잎을 무더기로 뿌린다
벅찬 설렘에 젖었던 그날처럼
너는
맑고 투명한 모습으로
온몸에 하얀 등불 하나씩 지고서
슬픔에 몰두하는
외로운 이의 몸 한구석에 아프게 드러눕는다
심장 하나 도려내야 치유가 되는
추억 위로 소복이 쌓여
먹먹한 별빛이 하얗게 부서지는 순간에도
작은 산을 만든다.
사랑하는 사람아
굳게 채운 창문을 열어라
처음 만난 그날처럼.

동백꽃

스산한 바람이 불어오고
발밑에 나뒹구는 낙엽이 아스팔트 위로
우르르 몰려갈 때만 해도
가슴이 붉게 물드는 이유를 몰랐다

저무는 한 해의 끄트머리
첫눈이 흰 화폭을 펼친다

사랑은 부질없다고 생각하고 닫았던 가슴에는
아직도
그대를 향해 온몸으로 섧게 울었던
백옥 같은 순백의 그리움이 남아 있었나 보다

하얀 눈 속을 뚫고 붉은 울음 머금은
동백꽃 한 송이 가슴속에 피어올라
그대와의 사랑이

지상에서 가장 뜨거울 때를 회상하면서
매서운 바람 툭툭 털어내며
열 오른 체온을 삭이고 있다

사랑

눈부신 햇살처럼
나도 누군가를 뜨겁게 사랑할 수 있을까

얼마나 간절하면 겨우내 꽁꽁 언 땅 뒤척이고
뒤척이더니 기어이 한 송이 꽃을 피워놓고
가슴으로 부서져 내린다

다시 한번 기적 같은 사랑이
찾아온다면 들꽃 몇 송이 심어놓고
낮은 음표로 그대에게 달려가고 싶다

혹여 서러운 이별의 바람 불어와 갈피 갈피
차오르는 눈물 짓는 밤이면
밤하늘 어둠을 밝히는 별이 되었다가
아침이면 맑고 투명한 이슬과 함께 그대 가슴에
부서지는 순수한 색채의 존재이고 싶다

망각

사랑아
내가 두려웠던 것은
이별이 아니었다.

세월의 햇살이
그대 담은
내 두 눈을 베어놓고
머릿속을 하얗게 지워버렸을 때

바람처럼 다가온
그대 모습 못 알아보고
그냥 지나칠까
그게 지옥처럼 무서웠을 뿐이다

갈치

재래시장 좌판대에서 건져올린 갈치 한 마리
프라이팬에 올리자 거친 물살이 거세다.
식욕이 목까지 타올라도
한 손에 파도를 잡고
한 손에는 가족을 잡은 채
물살을 가른다.
파도의 눈빛을 닮은 슬픔
은빛 날개로
숨 가쁘게 살아 온 몸부림이 처절하다
온몸을 지지는 뜨거움
생의 마지막은 하얀 소금 꽃이 피면
갈치가 치른 해탈식은
타오르는 불의 바닥에
제멋대로 몸 한번 뒤집지 못한 채
지난날 기억을 고스란히 토해놓는다

폭염

담쟁이덩굴이
핏기 잃은 바람을 타고
담벼락을 기어오른다.
이글거리는 태양은 금방이라도
한 방울의 눈물마저 다 태워버릴 듯하고
폭염에 유린되고 간음당한 도시는
빛바랜 창호지처럼 창백한 눈빛을
허공으로 보낼 뿐이다
수직으로 치솟아 오른 열기에
저마다 명찰을 하나씩 매단 자동차들이
황급히 산과 바다로 빠져나가고 있다
불타는 거리에는 전신을 비틀며
더위를 견뎌내는 가난한 군상들만이
늑골을 부여잡고 가쁜 숨을 들썩인다.

오월의 추억

떠나버린 시간을 붙잡고
거리에서 밤을 지새운
빈 술병 하나
창가에 두었더니
햇살이 흔들릴 때마다
출렁이는 그리움

해설

자아 성찰과 세상 들여다보기

- 촛대 바위 -

이훈식(서정문학 발행인. 시인)

먼저 전기웅 시인의 첫 번째 시집 출간을 축하드린다. 오랜 습작기간을 통해 얻어진 작품들이라 해도 첫 시집을 세상에 내놓는다는 것이 그리 쉬운 일이 아니다. 알몸으로 보이는 것이기에 망설이게 되고 부끄럽기도 하는 것이다. 시인은 대상과 사물을 인식함에 있어 지성으로 분별하고 감성으로 노래를 한다. 그런 의미로 살펴볼 때 전기웅 시인은 일상에서 얻어진 소재들을 객관화시킨 시각과 감성만으로 보는 게 아니라 언제든 자기의 모습으로 육화시켜 시를 읽는 사람으로 하여금 그 얘기가 바로 자신의 얘기로 느끼도록 해 주고 있다. 물론 첫 시집이기에 아직 매끄럽지 못한 부분도 있지만 어느 시인이든 첫 시집은 다 마찬가지이다.

제1부 소금 꽃 피면

시는 그걸 쓴 시인의 사유이고. 눈높이며. 그간 살아 온 경륜이 시어로 묻어 있기에 시를 통해 시인의 감성과 품격 그리고 세상을 바라보는 그 시각을 만날 수 있다. 그런 면에서 살펴보면 전기웅 시인의 작품은 애잔한 그리움과 철저히 자기 인식을 통해 시적 해탈을 추구하는 구도자적 언어의 시인임을 알 수가 있다.

시가 세상이고 세상이 시가 되길 바라는 소망이 시의 행간에 숨겨진 언어로 나타나고 있을 본다. 시인이라면 누구나 시의 세계 속으로 들어가 시와 한 몸이 되는 그 절정의 기쁨을 갈망치 않는 시인은 없을 것이다. 갈수록 각박해지고 복잡해져가는 시대에 내일에 대한 불확실성으로 오는 방황과 두려움 그리고 그 외로움을 따뜻한 정서로 다듬어내고 있다.

홀로 깨어있는 밤
행마다 달달한 수사법으로 분탕질 해 놓은

시의 거적때기를 벗겨낸다
나 스스로도 알 수 없는 본문의 주제와 오타들이
궁색한 변명을 늘어놓는다.

–「난해」 중에서

수직으로 치솟아 오른 열기에
저마다 명찰을 하나씩 매단 자동차들이
황급히 산과 바다로 빠져 나가고 있다
불타는 거리에는 산과 전신을 비틀며
더위를 견뎌내는 가난한 군상들만이
늑골을 부여잡고 가쁜 숨을 들썩인다.

–「폭염」 중에서

할 말은 많아도
노을의 붉은 치마끈 하나 붙잡고
눈망울에 성애 꽃 가득 피우는 외로움마저
무자경전으로 세웠다.

–「주상절리」 중에서

앞의 시에서 보면 시인은 사물의 인식을 객관적인 시각을 통해 소재의 이미지를 자기화시키면서 넉넉

하지 못했던 생의 한 부분을 투영시키고 있음을 본다. 일상에서 벌어지는 일들을 방관자가 아니라 참여자로서 자아를 표출하고 있다. 또한 일상에서 경험한 일들을 여유로운 몸짓과 사유로 풀어내는 작업이 해학으로 풍자와 익살로 나타나기도 한다.

전기웅 시인의 또 하나의 특징을 보면 현실에서 얻어진 아픔이나 외로움을 한탄하거나 원망하지 않고 자신의 내면으로 끌어들이고 나서 되새김질한 언어로 우리에게 다가서고 있다는 것이다. 시에서 나타나는 자기성찰은 거짓 없는 심성과 자기를 향한 솔직한 고백이 있을 때만 가능하다는 것으로 보여주고 있다.

제2부 상념의 무게들

전기웅 시인은 그리움이 많은 시인이고 그리움만큼 외로움도 큰 분이다. 슬픔을 아는 자만이 희곡을 쓸 수 있다는 말처럼 시 곳곳에 잔잔한 연민이 흐르고 애련한 슬픔이 묻어 있지만 소아병적인 사고에 머물지 않고 그 모든 부분을 성숙한 시어로 끌어안고 있다.

문학의 길이란 사물을 진솔하게 보고 삶의 근원적인 물음을 언어라는 도구를 통해서 구현해내는 것이다. 그런 까닭에 연민을 가지고 자아를 표백해 보는 작업이야말로 우리가 늘 잊어버리지 말아야 할 부분이다.

막혔 있던 혈관을 뚫고
뿌리를 일으켜 세운 봄 향기
주체할 수 없는 사내의 욕정이
허공을 찔러댈 때마다
놀란 하늘이 내려다본다.

-「화엄」 중에서-

담장 밖 곧은 심지로 바로 세우고
소리 없이 흔들리던 수선화
여리고 순한 발로 꽃길을 걸어와
어둠을 환하게 밝히고 있는

그대는
안으로만 삼킨
서러운 눈물일지도 모른다.

-「별」 중에서-

세상 안에서 살면서도 세상 밖에 서 있는 화자 그 모습은 아마 그것은 허위의 삶과 진솔한 삶의 거리 그 괴리를 메꿔 보려는 시인의 마음일 것이다.

전기웅 시인은 그대를 향한 애증의 언어가 그대라는 그리움을 두고 자꾸 말을 걸고 있다. 말을 건다는 것은 관심을 가지고 있다는 것이고 무엇인가 답변을 듣고자 하는 욕망이다. 그러나 대답은 작품들 속에서 승화되고 간절한 자기 물음으로 끝내고 있음을 본다.

말하자면 시마다 무늬진 정서로 숨어 있는 미움도 슬픔도 아픔도 모두 그리움 안에서 다시 태어나는 생명으로 그려져 있다

제3부 윤회의 깨달음

우리가 산다는 것은 오늘이 내일이 따로 있는 것이 아니고 늘 같은 공간의 시간임에도 불구하고 과거와 현재 그리고 미래를 공존할 수 없는 시간으로 여기고 산다. 그러나 너와 내가 우리라는 이름으로

불러질 수 있을 때는 시공간의 단절을 뛰어넘어 늘 함께할 수 있다는 사실이다.

인간은 사물과는 달리 자아를 인식하고 탐구하며 자아의 발견 속에서 존재의 가치를 인식하고 세상이 나와 결국 하나라는 깨달음을 가질 때 폭 넓은 사유 속에서 깊이 있는 시를 쓸 수 있는 것이다.

겹겹이 동여맨 가슴을 풀어 헤치고
박제된
기억을 더듬는 사랑은 이룰 수 없는
한 사람이 걸려 아프다 한다
붉은 띠의 노을이 강물에
그리움을 씻어내는 시간
금방이라도
닿을 것 같은 그대의 숨결이 사무친다.

-「반추」 중에서-

절단된 생의 테두리를 상표로 붙인
선풍기가 가쁜 숨을 몰아쉬며
하루의 운수를 타진하고

깜깜한 내면을 지나
기억 속에 잠들어 있던
잡동사니 물건들이 거리로 튀어나와
아직은 쓸만하다고 저마다 소매를 걷고
건재함을 과시한다.

-「중고 장터」 중에서-

위 시에서 보면 시인은 주어진 현실 속에서 부딪치는 아픔을 아픔으로만 보는 것이 아니라 세상의 모든 가치는 너와 내가 함께하는 공존의 가치 즉 화해의 세계임을 말하고 있다.

유한적인 세계가 아니라 무한한 세계로 이어지는 해탈 그게 전기웅 시인의 세계관이고 세상을 보는 눈이다. 일상에서 그냥 흘려버릴 수 있는 일들을 세심하게 들여다보며 시어로 끄집어내는 감성이 참으로 따스하다.

제4부 하얗게 빛바랜 추억들

인간은 늘 삶에 대한 상승적 욕망을 가지고 산다. 인간의 의식은 늘 높은 곳을 향한 지향성의 존재이다. 왜 그럴까? 그것은 낮은 곳에 대한 반대 감성이다. 낮은 곳은 어둡고 춥고 외로우며 죽음의 그림자가 있는 곳이다. 그래서 인간이 더 높은 곳 더 밝고 더 푸른 곳을 원하는 것은 어두움에 대한 극복이요, 두려움에 대한 초월이다.

전기웅 시인은 세상을 부정적으로 보지 않고 그 어둠 속에서 그 낮은 곳에서도 오히려 상승적인 이미지를 부족하면 부족한대로 꾸밈없이 그려내고 있다.

삶이란
중후한 문체처럼 화려하고 거창한 것 같아도
사실은 얼마나 단순한가
서로의 숨결을 느끼고 흘러가는
현재 진행형이며 서술이 아닌가

멀고 험한 에움길 돌아
열정 하나만으로 이곳까지 달려온 그대
눈부신 꽃 한 송이 피웠는가.

-「삶」 중에서-

삶이란 저울 위에 놓여 있는
뜨거운 숨결이 아닌가
불길한 예감 스칠 때마다 문제를 제기하며
온몸을 휘감고 흔들어대는 추
가슴이 뜨겁다

-「저울 앞에서」 중에서-

시에서 시적 화자는 그리움의 대상, 아픔의 대상이기도 하지만 곧 시인 자신을 가리키는 언어이기도 하다. 시에서 화자는 시어로 투영된 작가자신이다. 그래서 어쩌면 시를 쓴다는 것은 구상 시인의 말대로 언어를 통한 자기 구도의 길이다. 다른 사람의 작품을 가지고 시평을 한다는 것은 늘 한계가 있기 마련이다. 왜냐하면, 시평은 시평을 하는 사람의 주관적인 사고이고 짧은 시간에 많은 작품을 평한다는 것이 무리일 수밖에 없음이다.

전기웅 시인은 철저한 자기 인식과 대상에 대한 인식을 통해 진지한 시적 구도적 언어를 표출하고자 하는 노력이 아주 돋보인다. 모든 존재는 그 나름대로 무한한 세계를 가지고 있고 우리는 그 존재들이 오늘보다 더 나은 내일을 위해 함께한다는 이 동질

감이야 말로 시를 쓰는 자세이다. 유한한 인간이 추구하는 그리움이나 미움이나 아픔이나 다 언어를 통해 자유롭고 싶은 욕망에서 출발한다. 전기웅 시인 앞날에 문향이 가득하길 기원해 본다.